COMBAT

DU

CAP ORTÉGAL

13 brumaire AN XIV (4 novembre 1805)

ÉPILOGUE

DE LA

BATAILLE DE TRAFALGAR

Extrait de la *REVUE MARITIME ET COLONIALE*. — Janvier 1882

> « *They fought to admiration*
> » *and not surrending till their*
> » *ships were unmanageable.* »
> (Rapport de sir John Stracham
> aux Lords de l'Amirauté.)

PARIS

IMPRIMERIE CHAIX

1882

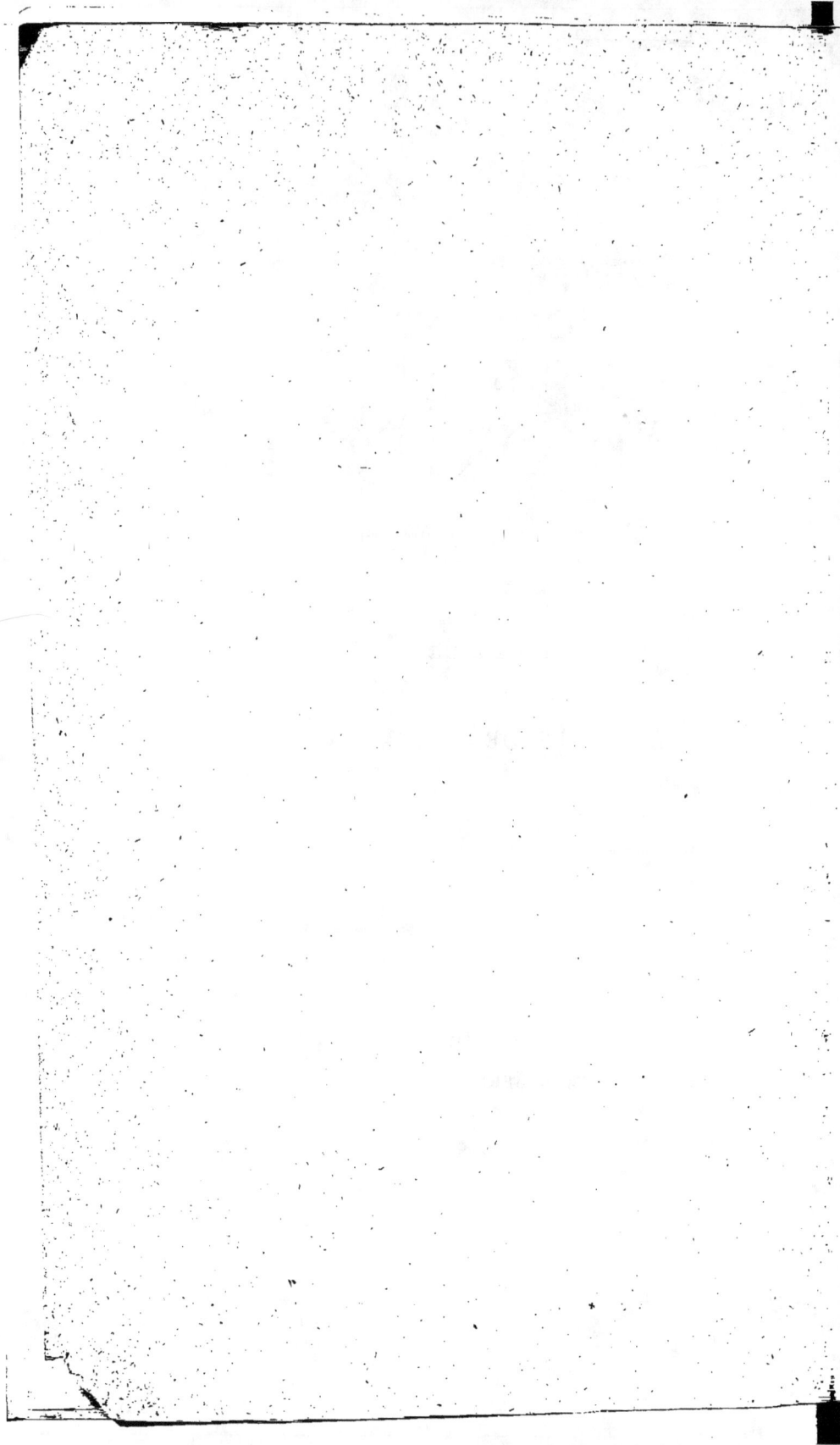

COMBAT

DU

CAP ORTÉGAL

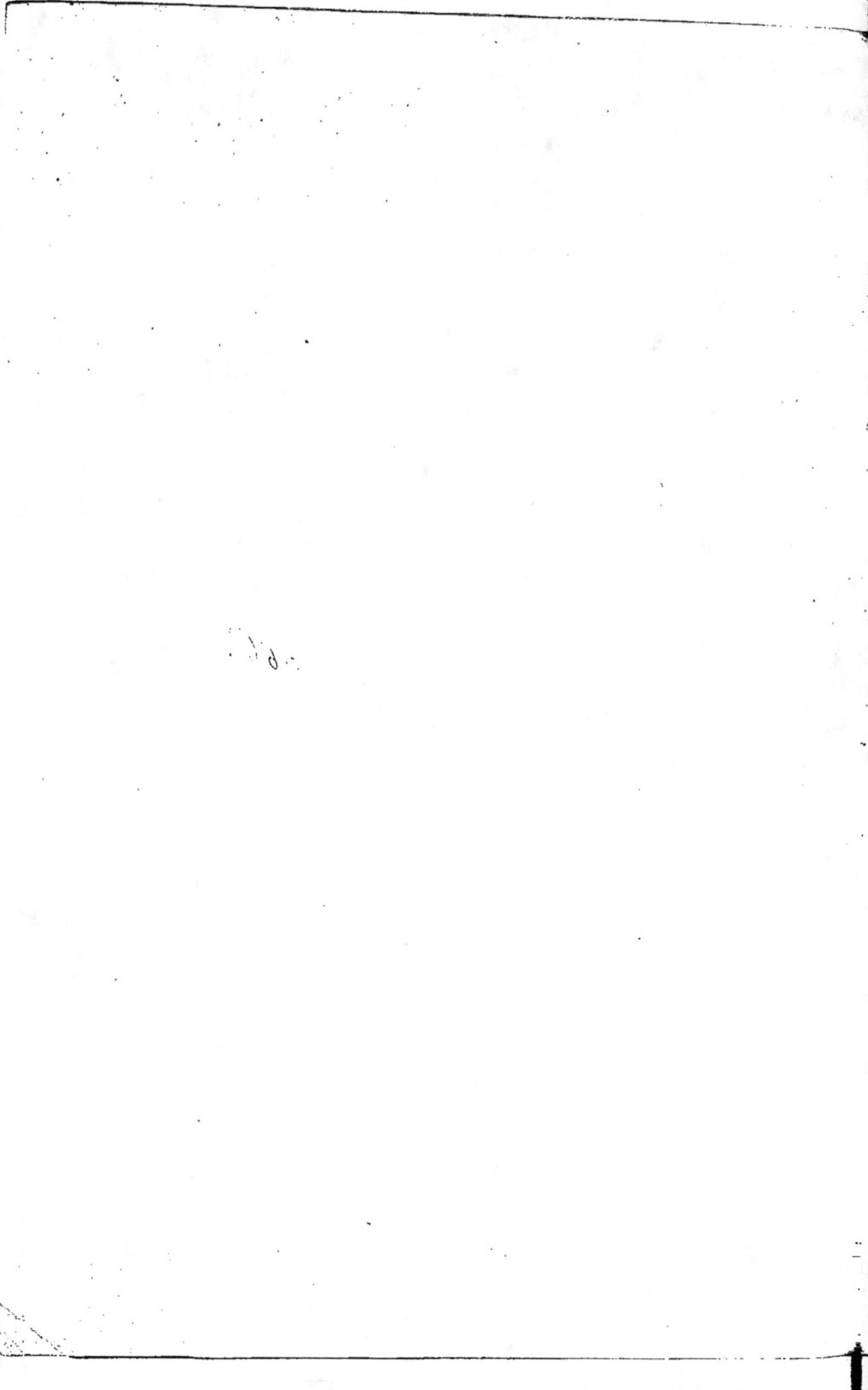

COMBAT

DU

CAP ORTÉGAL

13 brumaire AN XIV (4 novembre 1805)

———

ÉPILOGUE

DE LA

BATAILLE DE TRAFALGAR

———

Extrait de la *REVUE MARITIME ET COLONIALE*. — Janvier 1882

« They fought to admiration
« and not surrending till their
« ships were unmanageable. »
(Rapport de sir John Stracham
aux Lords de l'Amirauté.)

———

PARIS

IMPRIMERIE CHAIX

1882

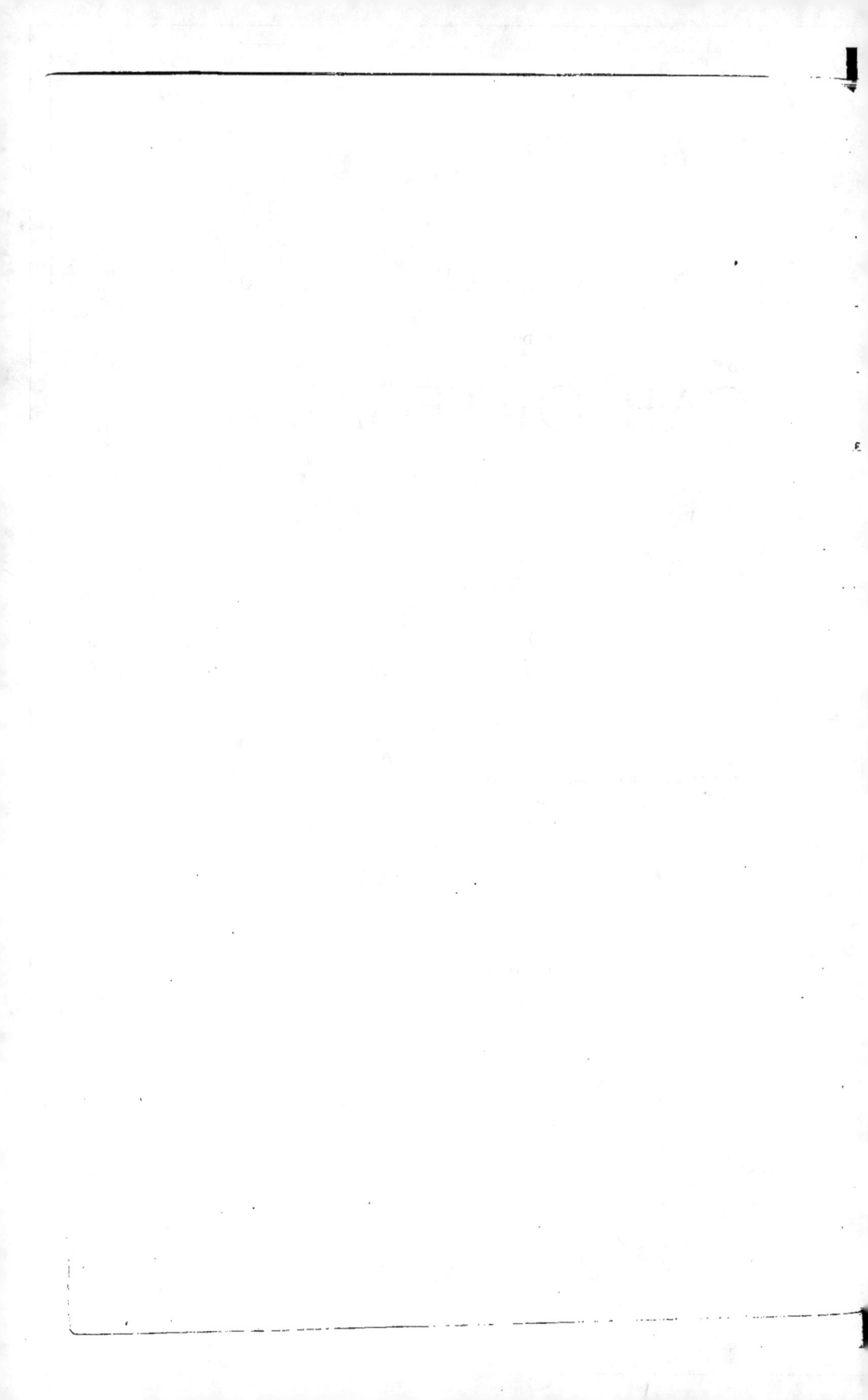

A M. JULES SANDEAU

DE L'ACADÉMIE FRANÇAISE

Mon Cher Ami,

Mon père avait, comme vous savez, pris une part très active à la bataille de Trafalgar et au combat du Cap Ortégal.

En mettant en ordre des papiers de famille, j'ai trouvé une lettre qu'il écrivait, pendant sa captivité sur les pontons anglais, quelques semaines après ces événements.

Cette découverte me suggéra l'idée, que vous avez approuvée depuis, d'écrire la « Monographie » dont je vous fais hommage aujourd'hui.

La lecture récente de divers articles de journaux, en ravivant le triste récit de cette dernière lutte navale entre la France et l'Angleterre, l'admirable énergie déployée, cette année même, à la prise de Sfax, par notre marine, m'ont décidé à réaliser ce qui n'était qu'à l'état de projet dans mon esprit.

J'ai obtenu de la bienveillance de M. le Ministre de la Marine, la communication du dossier complet de l'enquête sur les désastreux combats que je viens de rappeler, et, il m'a été possible de comparer le récit (d'un caractère purement intime) écrit par mon père, au texte des rapports adressés au Ministre, par les officiers supérieurs échappés à la mort ou à la captivité.

Tous ces événements sont trop loin de nous aujourd'hui pour exciter vivement la curiosité, j'en demeure d'accord ; cependant, les lecteurs aimant à rencontrer la vérité absolue dans l'histoire, ceux dont la fibre nationale vibre encore aux récits des actes d'héroïsme de notre brave armée, trouveront, à cette étude, un intérêt rétrospectif, qu'il est impossible de méconnaitre.

Quant à vous, mon excellent ami, vous serez heureux de la lire, et vous apprécierez ensuite, j'en suis certain à l'avance, le sentiment de respect filial qui a guidé les modestes recherches de

Votre bien affectionné

GEMÄHLING.

Enghien. — Août 1881.

COMBAT NAVAL

DU CAP ORTÉGAL [1]

(Épilogue de la bataille de Trafalgar)

— 1805 —

Trois quarts de siècle se sont écoulés depuis l'époque où notre marine, après une lutte héroïque, a dû s'avouer vaincue par celle, beaucoup plus exercée, des Anglais. Les acteurs de ces drames sanglants ont aujourd'hui disparu ; le calme est fait, de part et d'autre ; et, désormais, nous voulons l'espérer, les deux nations, oubliant un passé funeste, ne sont plus appelées à combattre que pour réaliser des progrès dans l'industrie internationale.

Nous pouvons donc tenter de mettre en pleine lumière un combat naval dont les journaux de l'époque n'ont pas parlé, et qu'on peut appeler, à bon droit, « l'épilogue »

---

[1] Le Cap Ortégal est situé dans la partie la plus septentrionale de l'Espagne, non loin du grand port du Ferrol, par 10° 14′ long. O, et 43° 46′ lat. N. — Etymologie : « Norte de Galicia ».

de la bataille de Trafalgar, car il est le triste dénouement du grand désastre de la flotte hispano-française (1).

Il n'entre pas dans notre pensée de raconter la bataille de Trafalgar; nous voulons seulement en retracer, pour ainsi dire, le dernier acte.

M. Thiers, après avoir décrit, avec son admirable talent, cette grande lutte maritime, s'est borné à mentionner le combat du Cap Ortégal, en le qualifiant de « désastre inutile » (2).

L'idée nous est venue de nous renseigner très complètement sur ce « désastre inutile », dont nous avions maintes fois entendu raconter les sanglantes péripéties; et, après avoir puisé dans les documents que M. le Ministre de la Marine avait bien voulu mettre à notre disposition, tous les renseignements indispensables à la constatation de la vérité, nous n'hésitons pas à publier une lettre *particulière* écrite par notre père, moins de six semaines après les événements.

Embarqué à bord du *Duguay-Trouin*, il avait pris une part très active aux deux affaires de Trafalgar et du Cap Ortégal; fait prisonnier de guerre, dans ce dernier combat, c'est à Plymouth, dans la cale d'un ponton anglais, qu'il traçait le récit que nous publions plus loin.

---

(1) La flotte hispano-française était composée de trente-trois vaisseaux, dont dix-huit français, quinze espagnols, cinq frégates et trois bricks.

(2) V. Thiers, *Consulat et Empire*, t. VI, p. 165.

Cette lettre n'est évidemment qu'un document d'un caractère absolument privé ; néanmoins, elle nous a été d'une bien grande utilité. Elle relate, d'une manière moins impersonnelle que les rapports au Ministre de la Marine, les phases terribles de ce combat du Cap Ortégal, dont le commodore anglais, sir John Stracham, écrivant aux Lords de l'Amirauté, disait :

« Les Français ont combattu d'une manière admirable ; ils ne se sont rendus que lorsqu'il était absolument impossible de manœuvrer leurs vaisseaux. *They fought to admiration, and not surrending till their ships were unmanageable.* »

Dans son *Histoire des Guerres maritimes de la République et de l'Empire*, l'amiral Jurien de la Gravière a, lui aussi, rendu une éclatante justice à l'admirable résistance opposée, par les marins français, à des forces bien supérieures aux leurs. Or, s'il est vrai de dire que la gloire se mesure plutôt à la valeur de l'homme qu'à ses succès, si l'histoire a conservé le souvenir de glorieuses défaites, et si, enfin, comme l'a dit M. Thiers lui-même, « le courage malheureux n'est pas moins admirable que le courage heureux, il est même plus touchant », on pourra regretter que l'illustre historien du Consulat et de l'Empire ait négligé de faire le récit de ce combat ; et, l'on s'étonnera de l'impitoyable sévérité, de l'ingratitude profonde de Napoléon Ier envers des Français qui auraient pu prendre place à côté des vainqueurs d'Ulm et d'Austerlitz !

Le 5 octobre 1805, la flotte hispano-française rencontrait la flotte anglaise, le long des côtes d'Espagne, en vue du cap Trafalgar; à l'heure même où Napoléon Iᵉʳ victorieux arrivait aux bords du Danube, la fortune faisait payer bien cher à nos flottes, les victoires de nos armées de terre !

. . . .

La bataille avait commencé à onze heures du matin. Pendant longtemps, l'avant-garde de l'escadre française, commandée par le contre-amiral Dumanoir, était restée immobile.

Vers le milieu du jour, sur les signaux répétés de Villeneuve (1), le contre-amiral s'était enfin décidé à se rabattre sur le centre; mais, des dix vaisseaux qu'il commandait, quatre seulement avaient répondu à son appel; les autres étaient restés à la même place, faute de savoir manœuvrer, de le vouloir ou de le pouvoir.

A la tête de ces quatre vaisseaux, Dumanoir descendit donc le long de la ligne de bataille. Il était déjà tard; après des prodiges de valeur, le *Redoutable*, qui avait cinq cent vingt-deux hommes hors de combat, sur les six cent quarante qui composaient son équipage, avait dû s'avouer vaincu; le *Bucentaure*, la poupe démolie, les mâts abattus, rasé comme un ponton, foudroyé par quatre

---

(1) L'amiral Villeneuve, commandant en chef de la flotte combinée.

vaisseaux anglais, dont deux à trois ponts, isolé au milieu des ennemis, avait amené son pavillon ; le vaisseau-amiral espagnol, le *Santissima-Trinidad* était pris ; la moitié de l'escadre dispersée ou faite prisonnière.

Le contre-amiral Dumanoir parvint à l'arrière-garde, où seize vaisseaux français et espagnols étaient engagés avec la colonne anglaise commandée par Collingwood.

« Là, dit M. Thiers, en se dévouant, il (1) pouvait » sauver quelques vaisseaux ou ajouter de glorieuses » morts à celles qui devaient nous consoler d'une grande » perte ; découragé par le feu qui venait d'endommager » sa division, consultant la prudence plutôt que le » désespoir, il n'en fit rien. Traité par la fortune comme » Villeneuve, il devait bientôt, pour avoir voulu éviter » un désastre glorieux, rencontrer ailleurs un *désastre* » *inutile.* »

En passant sous silence le combat du Cap Ortégal, dont les suites funestes se traduisirent par la perte de quatre vaisseaux de premier rang et la captivité, pendant neuf ans, en Angleterre, de tous les Français qui étaient à leurs bords ; en négligeant cet « épilogue » de la grande bataille, M. Thiers a dû obéir à un sentiment fort honorable sans doute, mais aussi très impérieux, puisqu'il a pu arrêter, dans sa main, la plume de l'historien.

---

(1) Le contre-amiral Dumanoir *Histoire du Consulat et de l'Empire*, t. VI, l. XXII.

En effet, il n'est pas admissible que les archives de la marine aient eu des secrets pour lui ; on devait assurément y avoir oublié, depuis longtemps, les ordres que Napoléon, avant son entrée à Vienne, fit transmettre à la presse : « Les journaux, écrivait-il à Decrès, ministre de la marine, ne doivent parler de la bataille de Trafalgar que le moins possible ; ils ne feront mention que d'un combat imprudent, dans lequel nous avons plus souffert de la tempête que de l'ennemi. »

Loin de nous la prétention de combler la lacune laissée par l'historien du Consulat et de l'Empire : nous voulons nous borner à mettre sous les yeux du lecteur la lettre d'un malheureux prisonnier jeté dans un ponton anglais, écrivant, au milieu de ses compagnons d'infortune, ce qu'il a vu, ce qu'il a pu juger des événements, et cela, au lendemain même de ces journées terribles !

Nous laissons la parole au narrateur.

1er décembre 1805.

(1) Plymouth, à bord des pontons anglais.

Je veux, une troisième fois, ma chère amie, tenter la fortune pour te faire parvenir une lettre t'instruisant de mon sort. Un malheureux prisonnier dont les blessures sont incurables rentre en France ; il veut se charger de ma missive.... Grand Dieu ! assistez ce pauvre soldat de mon pays !

Cette manière de correspondre est la seule qui me permette de te donner certains détails sur mon genre de vie, dans cet abominable ponton ; ne t'étonne donc pas de ce préambule ; toutes les lettres adressées par les prisonniers

---

(1) Cette lettre particulière a été écrite, à sa femme, par le capitaine Gemähling embarqué à bord du vaisseau de 74, le *Duguay-Trouin*, et fait prisonnier de guerre, par les Anglais, à l'issue du combat du Cap Ortégal (4 novembre 1805).

doivent passer sous les yeux du Commissaire anglais, et, par conséquent, la politique et tout ce qui s'y rapporte, doit en être absolument banni, ainsi que les indications précises sur la nature du traitement indigne qu'on nous fait subir.

Deux fois déjà, je t'ai écrit : As-tu reçu mes lettres ? Quand pourrai-je le savoir ?

Aujourd'hui, un grand espoir me soulage : je crois fermement que celle-ci te sera remise par notre malheureux compatriote.

. . . .

Le 27 vendémiaire (18 octobre 1805), une division de huit vaisseaux, dont le *Duguay-Trouin*, à bord duquel j'étais embarqué, faisait partie, mit à la voile et quitta Cadix, pour donner la chasse aux frégates anglaises croisant devant le port (1).

A peine nous eurent-elles aperçus, qu'elles firent de nombreux signaux à la flotte, en tirant constamment le canon. Nous avons passé la

---

(1) Thiers, *Histoire du Consulat et de l'Empire*, l. XXII, p. 142.

journée à louvoyer. Le lendemain, dimanche,
la flotte française mit à la voile et nous la
rejoignîmes dans la journée (1).

Vers le soir, l'ennemi était en vue, et, autant
qu'il était possible d'en juger, nous distinguions
une trentaine de voiles. De notre côté, nous
comptions trente-trois vaisseaux et six frégates,
— telle était l'importance de la flotte combinée,
hispano-française. — Vers sept heures du soir,
l'amiral Villeneuve fit le signal de former la ligne
de bataille. La nuit se passa sans qu'on put y
réussir complètement ; le lendemain matin, 29,
on eut beaucoup de mal à y arriver, et encore
ne le fit-on qu'à peu près.

Il était dix heures, la flotte anglaise se
dirigeait sur nous, vent arrière et toutes voiles
dehors ; elle se composait de vingt-sept vaisseaux
rangés en deux colonnes, dont l'une se dirigeait
sur la gauche et l'autre sur la droite de la flotte
française disposée « tant bien que mal » (2), soit

---

(1) Thiers. *Histoire du Consulat et de l'Empire* et Lettre de
Dumanoir à Decrés, Ministre de la Marine (Archives de la Marine).
(2) Thiers. *Histoire du Consulat et de l'Empire*. t. VI, l. XXII,
p. 150.

à cause des vents contraires, soit, il faut' bien l'avouer, par les fautes de manœuvres attribuées, à tort ou à raison, à nos officiers supérieurs (1).

Vers midi, l'ennemi étant à portée, le combat commença, au centre de la ligne, avec une violence des plus grandes; la fumée nous empêchait de pouvoir rien distinguer; notre inaction forcée nous rendait bien malheureux! Les ordres n'arrivaient pas; nous ne savions que penser. Depuis la veille, nous n'avions pas fait une demi-lieue; enfin, vers deux heures, le signal est donné, notre vaisseau, le *Duguay-Trouin*, faisait partie de l'avant-garde avec le *Mont-Blanc*, le *Formidable*, le *Rayo*, l'*Intrépide*, le *Scipion* et le *Neptune;* il était le quatrième à la tête de la colonne. · Sur les signaux du contre-amiral Dumanoir, de virer de bord et de se rabattre sur le centre, quatre vaisseaux, le nôtre compris, purent, après avoir exécuté cette manœuvre, commencer à descendre, du nord au sud, le long de la ligne de bataille. Accueillis par un feu des plus vifs, nos quatre vaisseaux y

(1) V. Rapport de l'amiral Villeneuve à Decrès, Ministre de la Marine (19 septembre 1805).

répondirent énergiquement et furent fort maltraités par l'ennemi. — Il était trois heures environ. — Voyant, à l'état de la flotte, l'inutilité de ses efforts, le contre-amiral Dumanoir continua son mouvement (1), parvint à l'arrière-garde, et, renonçant à prendre part à un combat dont l'issue n'était plus douteuse pour lui, fit voile vers le détroit, avec quatre vaisseaux seulement.

S'il avait pu prévoir le désastre qui l'attendait, il eût certainement pris un parti moins prudent (2).

Nous étions, depuis deux heures à peine, éloignés du lieu du combat, lorsque nous aperçûmes un certain nombre de vaisseaux paraissant faire voile vers Cadix. C'était une partie de la flotte combinée : onze vaisseaux et cinq frégates, commandés par l'amiral Gravina. Dans ce moment si triste pour nous, à tous égards, nous avons vu le vaisseau l'*Achille* sauter en pleine mer ! Le feu avait pris à son bord (3).

---

(1) Lettre de Dumanoir au Ministre de la Marine. (Arch. de la Marine.)
(2) Thiers, *Consulat et Empire*, t. VI, p. 165.
(3) Thiers, *Consulat et Empire*, t. VI, l. XXII, p. 170.

Nous ignorions la dispersion de la flotte, les pertes de l'ennemi, ainsi que le sort des vaisseaux désemparés.

Sur la fin de la soirée, la brise s'étant fait sentir assez énergiquement, nous continuâmes notre route vers Cadix, dans l'intention de doubler le cap Saint-Vincent et de nous rendre à Rochefort (1), port désigné, par le contre-amiral Dumanoir, comme lieu de ralliement; c'était ainsi, qu'à bord, on interprétait ses intentions (2).

Notre position à l'avant-garde et le rôle que le commandant assigna aux quatre vaisseaux, dans le grand combat contre la flotte victorieuse de Nelson, ne me permettent pas d'en savoir davantage. D'autres le diront assez, ce désastre épouvantable de notre marine !

Pourra-t-on seulement jamais croire que, dans l'espace de trois ou quatre heures, une flotte de trente-trois vaisseaux ait été battue par une de

---

(1) D'après les documents officiels, l'intention du contre-amiral était de conduire ses vaisseaux à l'île de Ré.

(2) Voir la lettre du contre-amiral Dumanoir au Ministre de la Marine, 17 novembre 1805. (Archives du Ministère de la Marine.)

vingt-sept ? (1) Je dois dire cependant que le nombre de bouches à feu était le même.

La fortune nous réservait un de ses coups les plus inattendus et les plus cruels.

Je te l'ai déjà fait pressentir.

Pendant huit jours, un vent d'ouest soufflant en tempête (2) et une mer affreuse nous faisaient craindre, à chaque instant, de voir nos mâts abattus par la bourrasque (3) et d'être bientôt hors d'état de tenir la mer ; tout en déplorant la triste situation des autres vaisseaux démâtés, nous n'étions que fort peu rassurés sur le sort du nôtre, le *Duguay-Trouin,* qui avait eu sérieusement a souffrir, à la fin du combat (4).

Que te dirai-je ? Après plus d'une semaine d'un tangage incessant, nous avions doublé le cap Saint-Vincent, et nous faisions route pour la

---

(1) *Vindicacion de la Armada Española contra las aserciones injuriosas por M. Thiers,* par Manuel Marliani (Madrid, 1850).

(2) Léon Guérin. *Histoire maritime de France,* t. VI. p. 239.

(3) Thiers. *Consulat et Empire.* — Les dernières paroles de Nelson avaient été : « Mouillez l'escadre à la fin de la journée. » L'horrible tempête qui succéda à la bataille prouva sa profonde prévoyance.

(4) La division du contre-amiral Dumanoir ne prit part au combat que le soir, mais, dans le mouvement qu'elle dut faire pour passer de l'avant-garde à l'arrière-garde, elle eut à essuyer un feu très vif de l'escadre anglaise.

France ! Avec quel bonheur nous parlions de cette terre chérie après laquelle, moi particulièrement (1), je soupirais ! J'étais bien décidé à quitter *cette maudite galère*, mais le sort en avait décidé autrement.

Le 11 brumaire dernier (2 novembre), nous rencontrâmes, à la hauteur du Cap Ortégal, près du Ferrol, deux frégates anglaises qui nous donnèrent la chasse tout le jour (2) ; puis, dans la soirée, à la faveur d'une brume mêlée de pluie qu'accompagnait un vent assez fort, on nous fit virer de bord et faire route pour la France.

Le lendemain, 3 novembre, à dix heures, la brume disparaît, le vent se calme, nous découvrons l'ennemi. Malheureusement, le vaisseau-amiral le *Formidable* marchait très

---

(1) Allusion à l'époque encore récente du mariage de l'auteur de la lettre.

(2) Rapport du commodore Stracham à l'amiral Cornwalis, à bord du *César*, le 4 novembre 1805 : « Vous pouvez juger de ma surprise lorsque j'ai su que les navires capturés ne faisaient pas partie de l'escadre de Rochefort, mais de celle de Cadix. »

mal, et l'escadre anglaise nous gagnait (1). Le soir, une frégate était à portée de canon, mais elle n'ouvrit pas le feu.

Elle chercha, mais vainement, à engager le combat, le lendemain, 13 brumaire (4 novembre).

Nous continuions donc notre route, lorsque nous fûmes attaqués, d'abord par trois vaisseaux et deux frégates, puis par un autre vaisseau accompagné d'une frégate ; en tout quatre vaisseaux et quatre frégates (2) contre quatre navires déjà éprouvés par les boulets de l'ennemi et par une tempête de plus de huit jours (3).

Le contre-amiral fit des signaux ordonnant de former une ligne unique de bataille; toujours le même système déplorable !

Notre vaisseau, le *Duguay-Trouin*, à la

---

(1) V. Opinion du rapporteur de la Commission d'enquête sur la conduite de l'amiral Dumanoir, 1809. (Archives de la Marine.)

(2) Voir le rapport sur les événements des 11, 12 et 13 brumaire an XIV, par M. Rigodit, enseigne de vaisseau à bord du *Duguay-Trouin*. (Archives de la Marine.)

M. Rigodit est mort contre-amiral le 17 novembre 1861.

(3) L'escadre anglaise était forte de quatre vaisseaux : le *César*, de 84 canons, le *Héros*, le *Courageux* et le *Namur*, de chacun 74, et de quatre frégates : la *Révolutionnaire*, de 40 canons, la *Santa-Margarita*, le *Phénix* et l'*Eolus*, de 36 canons chacune, au total 450 bouches à feu. L'escadre française se composait de 302 bouches à feu seulement.

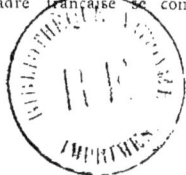

droite du vaisseau-amiral, le *Scipion* et le
Mont-Blanc à la gauche (1).

Les Anglais, de leur côté, firent une manœuvre
bien plus intelligente, qui consiste à séparer
les navires ennemis les uns des autres, à les
envelopper autant que possible et à les écraser
en détail (2).

A quoi bon tous ces détails, chère amie?
Pardonne-moi, c'est si cruel de se voir battus,
écrasés, lorsque peut-être...

Enfin, nous nous sommes défendus avec
l'énergie que donne le désespoir; mais, toujours manœuvrant mal et avec une déplorable
indécision (3) ; l'ennemi, avec sa grande
supériorité du nombre, le bon état de ses navires
qu'il manœuvrait avec aisance, nous écrasait en
mettant à profit notre faiblesse et nos erreurs (4).

Sur notre vaisseau, le brave capitaine Touffet,

---

(1) Note de Villeneuve sur l'état des vaisseaux de son escadre au
moment de la bataille de Trafalgar. Le *Formidable :* ce navire
marche mal, mauvais doublage ; le *Mont-Blanc :* mauvais état,
équipage faible ; le *Scipion :* vaisseau très bon, marche médiocre-
ment ; le *Duguay-Trouin :* bon vaisseau, propre à toute mission.
(2) V. les instructions de Nelson aux commandants, la veille du
combat. (Thiers, *Histoire du Consulat et de l'Empire*, t. VI, l. XXII.)
(3) V. le rapport du capitaine La Villegris. (Archives de la Marine.)
(4) V. Léon Guérin, *l. c.*

tué (1), dès le commencement du combat, avait été remplacé par le capitaine de frégate Boisnard, qui reçut lui-même une balle dans le genou.

Les lieutenants de vaisseau, Lavenu, Guillet, Cossé, Tocville, prirent successivement le commandement et furent assez gravement blessés pour être obligés de quitter le pont. Cependant, après avoir reçu les premiers pansements, le lieutenant Guillet, qui avait eu la joue traversée par une balle, reprit son poste de commandant (2) de notre malheureux *Duguay-Trouin*, tout désemparé, faisant eau, écrasé par le feu de deux vaisseaux et des frégates. Ce n'était plus de la guerre, comme on la doit entendre, c'était une tuerie abominable : — les trois quarts de ma compagnie là...., autour de moi ; mon pauvre lieutenant Le Deyeux, râlant à quelques pas et tant d'autres !

Mon cœur se brise en te racontant ce désastre ;

---

(1) V. le rapport déjà cité de l'enseigne Rigodit « le seul officier présent en France lors de l'enquête ». (*Lettre du Ministre de la Marine*. Archives de la Marine.)

(2) « Je me voyais arrivé à l'honneur aussi grand qu'inespéré de conduire au feu les hommes les plus dévoués, lorsque M. Guillet, après s'être fait panser, vint me le ravir. » (Rapport de M. Rigodit.)

il est si récent et nous sommes si malheureux
dans cet affreux ponton!

J'ai hâte d'en finir avec cet horrible tableau.
A quatre heures, toute la mâture de l'arrière
s'abattit, et, avec elle, le pavillon.

Ce fut la fin de la lutte. — Nous nous
sommes rendus les derniers.

Bien certainement, sur les trois autres vaisseaux,
on a fait comme sur le nôtre, et on s'est défendu
jusqu'à la dernière extrémité.

Nous avons fait plus de mal aux hommes de
l'ennemi qu'à ses navires. Nos canonniers ne
savaient guère que se faire tuer (1).

Je reprends mon récit :

Restés à bord de notre vaisseau, on nous a
dirigés sur Plymouth, où nous sommes arrivés,
le 9 novembre. Les officiers anglais, je leur dois

---

(1) « Il était alors trois heures, le *Scipion* avait perdu son grand
mât de hune et, dans ce moment, je fus blessé fortement au côté par
des éclats. A trois heures et demie, je reçus une balle dans la jambe
gauche.

Presque la totalité des hommes des gaillards du *Formidable* était
tuée ou blessée, les batteries à moitié désarmées, un demi-pied d'eau
dans la batterie basse et huit pieds d'eau dans la cale. La mâture
n'était plus tenue par son gréement, et près de deux cents hommes
étaient déjà hors de combat.

Le *Mont-Blanc* avait huit pieds d'eau dans la cale et était dégréé.

Le *Duguay-Trouin* avait perdu toute sa mâture.

Je n'ai que des éloges à donner à la conduite méritante de chaque cette justice, ont été convenables avec nous, pendant la traversée ; mais ils ne tardèrent pas, dans un esprit de vengeance peu digne d'une grande nation, à nous faire payer très cher le bien-être relatif qu'ils nous avaient accordé ! En effet, le 17 novembre dernier, nous avons été jetés pêle-mêle avec les soldats, dans un abominable ponton dont l'état de vétusté est repoussant, contraints à coucher sur le plancher, faute de place pour suspendre des hamacs.

Quel air empesté nous respirons ! Cinq cents hommes entassés dans un espace aussi restreint, n'ayant pour se promener et prendre l'air, pendant quelques heures, que la moitié du bâtiment.

---

capitaine, à la bravoure des états-majors et équipages ; mais, malheureusement, je n'ai pas à me louer de l'adresse de nos canonniers ; la maladie et les deux premiers combats nous avaient enlevé les meilleurs, et la maladresse de ceux qui nous restaient a été, en grande partie, cause de notre dernière infortune, quoique d'ailleurs la force de l'ennemi fût très supérieure à celle de la division dont les mâts étaient jumellés par suite des premiers combats... La marine a perdu, dans cette dernière affaire, un brave capitaine dans le commandant Touffet, du *Duguay-Trouin*. Son second, le capitaine de frégate Boisnard, l'a dignement remplacé et a reçu une blessure grave par une balle au genou.

Tous les officiers et aspirants attachés à ma majorité ont été blessés ; l'aspirant Murat, l'un d'eux, a eu le bras emporté et est mort après l'opération. »

(Rapport du contre-amiral Dumanoir au Ministre de la Marine. — Archives de la Marine.)

Comme nourriture, on nous donne ce qui est rigoureusement indispensable pour ne pas mourir de faim ! Un détail :

Distribués par escouades de six hommes, sans distinction de grades, nous sommes obligés d'aller à la cuisine recevoir notre portion qu'on extrait d'une grande marmite servant à tous (1).

Pour boisson, de l'eau plus ou moins pure.

On peut se procurer de fort mauvaise bière en la payant très cher.

Le commandant, par des motifs de prudence, sans doute, a interdit qu'on en apportât de bonne qualité.

A trois heures du soir, on nous fait sortir de notre infecte prison et monter sur le gaillard d'avant. Pendant notre court séjour à l'air libre, des soldats, munis de lanternes allumées et de marteaux, descendent dans la cale afin de s'assurer qu'il n'a pas été fait de trous dans la coque du ponton, et pour constater que les barreaux placés sur les sabords n'ont pas été rompus. Après cette opération, qui n'est terminée

---

(1) Il ne faut pas oublier que c'est un officier qui écrit cela.

que vers quatre heures, on nous oblige à redescendre en nous comptant ; puis, toutes les portes fermant les issues sont cadenassées et verrouillées. Il en est de même pour les sabords. Nous restons ainsi jusqu'au lendemain matin sept heures.

Nous sommes tellement nombreux que, vers le soir, la chaleur devient intense et nous accable.

Je m'arrête. Que pourrais-je ajouter ? Sinon que chaque jour ressemble à celui qui l'a précédé ! Cette existence, malgré notre énergie, ne serait pas tolérable, si, comme officiers, nous n'avions pas l'espoir de voir bientôt cesser à notre égard, ce traitement indigne et d'aller « au cautionnement », c'est-à-dire d'être internés dans une ville, et d'y séjourner sur parole comme prisonniers de guerre. .   .   .   .

.   .   .   .

Nous devons nous arrêter ici, la lettre ne contenant plus que des détails intimes.

Les officiers et les soldats français ayant survécu aux désastres maritimes de Trafalgar et du Cap Ortégal, restèrent pendant neuf ans (1805-1814) prisonniers de guerre en Angleterre. Après un séjour de deux ou trois mois à bord des pontons de Plymouth, les officiers furent internés dans les villes du pays de Galles, telles que Welschpool, Crediton, etc., et considérés comme prisonniers sur parole. La solde que leur accordait l'Angleterre était absolument dérisoire. Ceux de nos malheureux compatriotes, qui n'avaient pas d'autres ressources, ont subi toutes les privations qu'impose la misère. Quant aux sous-officiers et soldats, ceux qui purent y résister, subirent le régime des pontons, pendant leur captivité de neuf années ; car, l'empereur Napoléon n'ayant jamais voulu entrer en négociations avec l'Angleterre pour traiter du rachat des prisonniers faits à Trafalgar et au Cap Ortégal, les malheureuses victimes de la politique impériale n'ont pu rentrer en France qu'en 1814.

Napoléon désespéra de la marine française, après Trafalgar. Il voulut oublier cet échec et il sacrifia ceux qui avaient eu le malheur de ne pas vaincre.

En remettant la croix de commandeur de la Légion d'honneur aux capitaines Lucas, du *Redoutable*, et Infernet, de l'*Intrépide*, il avait dit : « Si tout le monde avait combattu comme vous, la victoire nous serait restée ! (1) »

C'est à cette parole que le contre-amiral Dumanoir

---

(1) Voir la lettre de M. Gicquel des Touches, *Annales maritimes*, t. VI, p. 428.

faisait allusion, lorsque, dans une lettre du 25 juillet 1809, adressée au Ministre de la Marine, il disait :

« L'espèce d'anathème lancé, je ne sais contre qui, dans
» le discours de l'Empereur, aurait de quoi me troubler,
» si ma conscience ne me rassurait et ne me donnait
» l'intime conviction d'avoir fait mon devoir. »

A la seconde Restauration, Louis XVIII mit à la retraite tous les officiers ayant vingt-quatre années de service, sans reconnaître les grades et les décorations qui avaient pu leur être accordés par Napoléon pendant la période des Cent-Jours (1).

Telle fut la récompense de ces hommes qui avaient poussé la bravoure jusqu'à l'héroïsme ! Ils rentrèrent dans leurs foyers, l'âme navrée, ayant perdu, par cette rude et longue captivité, tout avancement dans l'armée ; n'ayant d'autres consolations, dans leur détresse, que la certitude du devoir accompli, et le bonheur d'avoir servi leur pays.

---

(1) Le capitaine Gemähling fut de ce nombre ; il avait plus de trente-cinq ans de services et campagnes.

TABLEAUX GRAPHIQUES

INDIQUANT

LES DIX PHASES DU COMBAT

DU

CAP ORTÉGAL

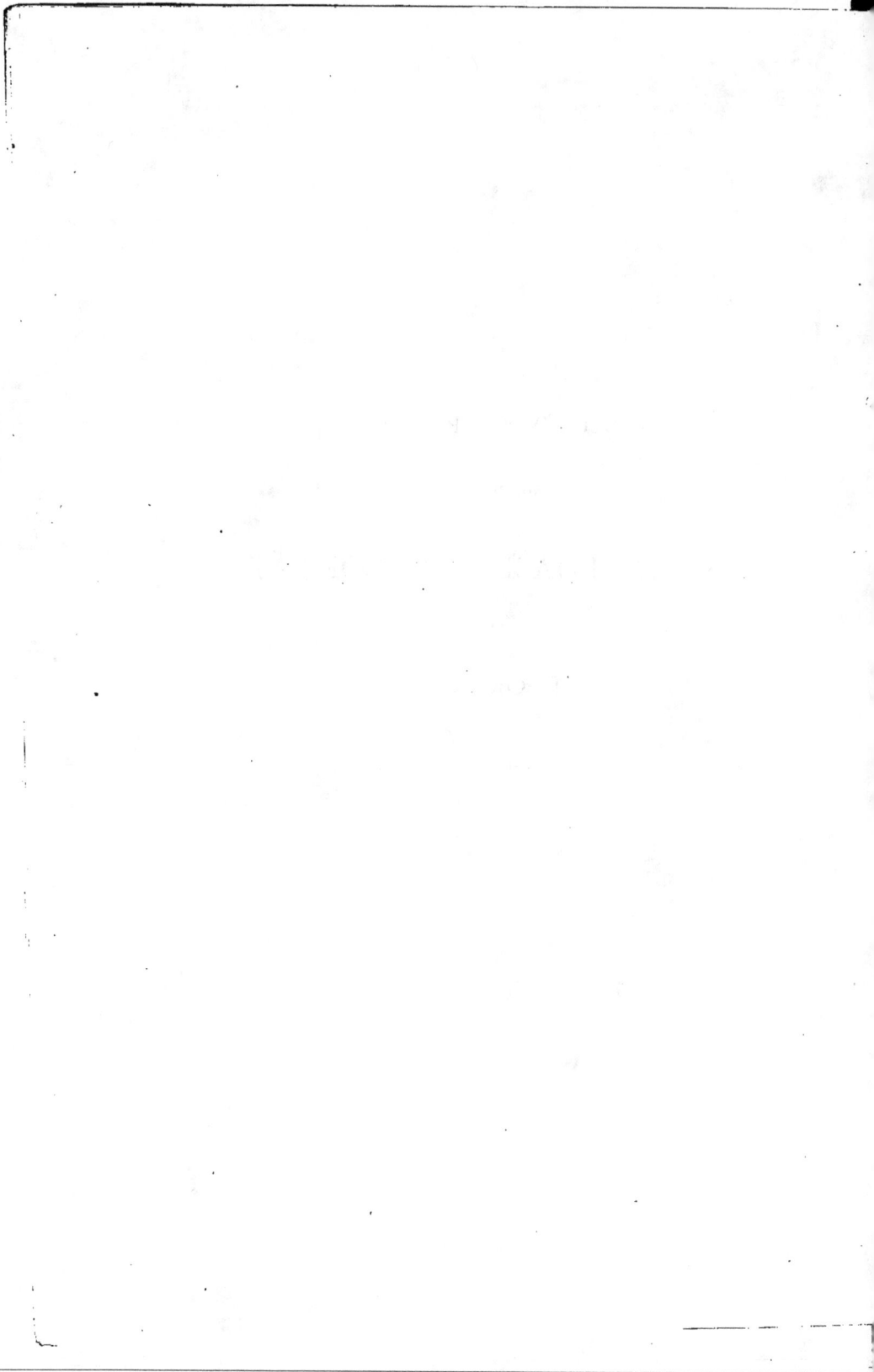

LÉGENDE

VAISSEAUX FRANÇAIS

VAISSEAUX ANGLAIS

FRÉGATES ANGLAISES

VAISSEAU *Amiral Français*   VAISSEAU *Amiral Anglais*

Vaisseaux Français

1.°   *le Duguay Trouin*

2.°   *le Formidable*

3.°   *le Mont Blanc*

4.°   *le Scipion*

Vaisseaux Anglais

1.°   *le César*

2.°   *le Namur*

3.°   *le Héros*

4.°   *le Courageux*

Planche N.º 1.

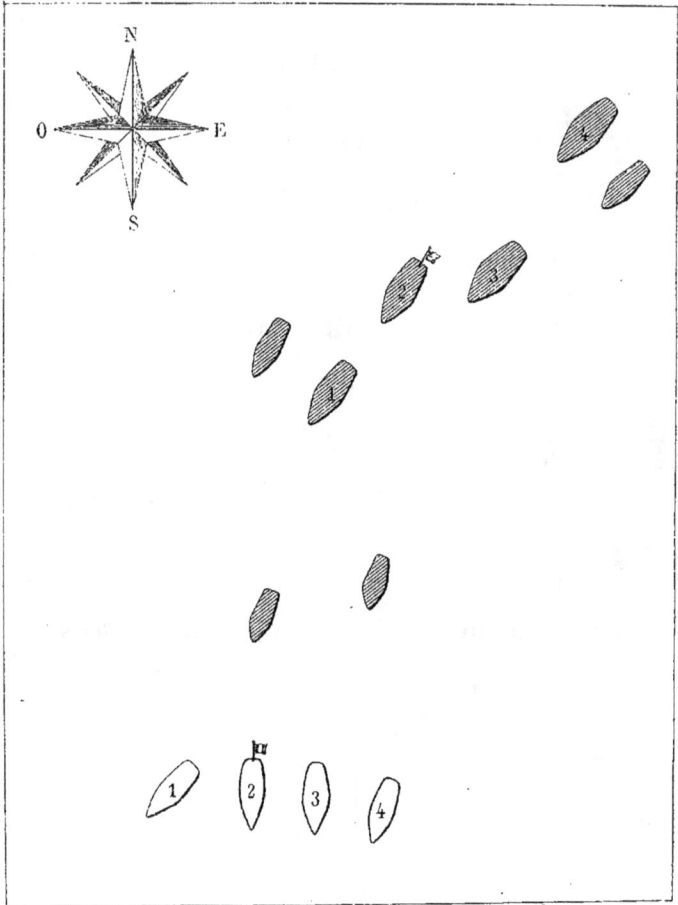

Planche N.º 2.

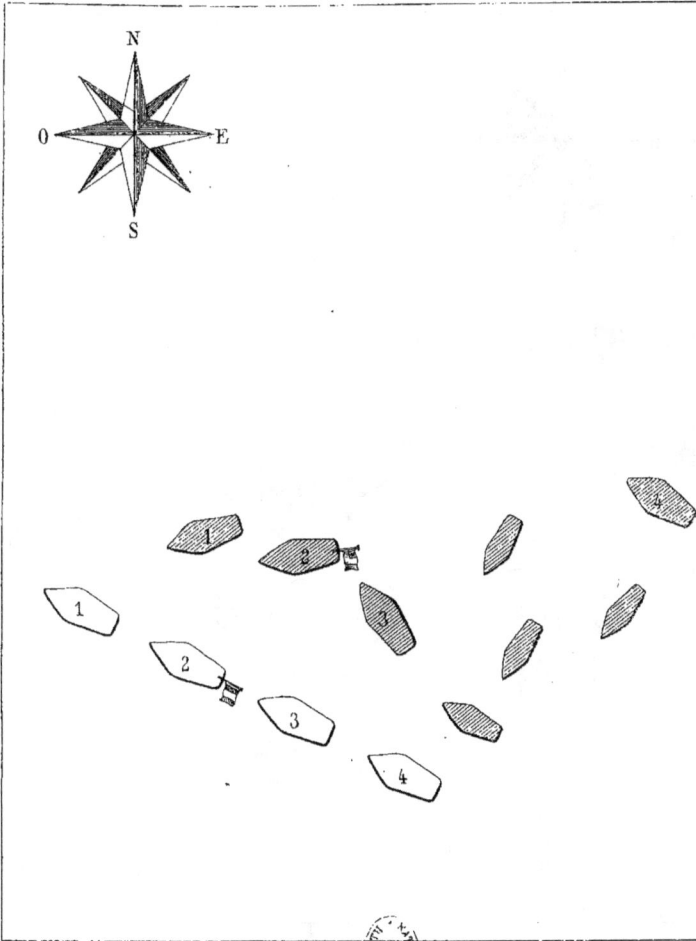

Planche N.º 3

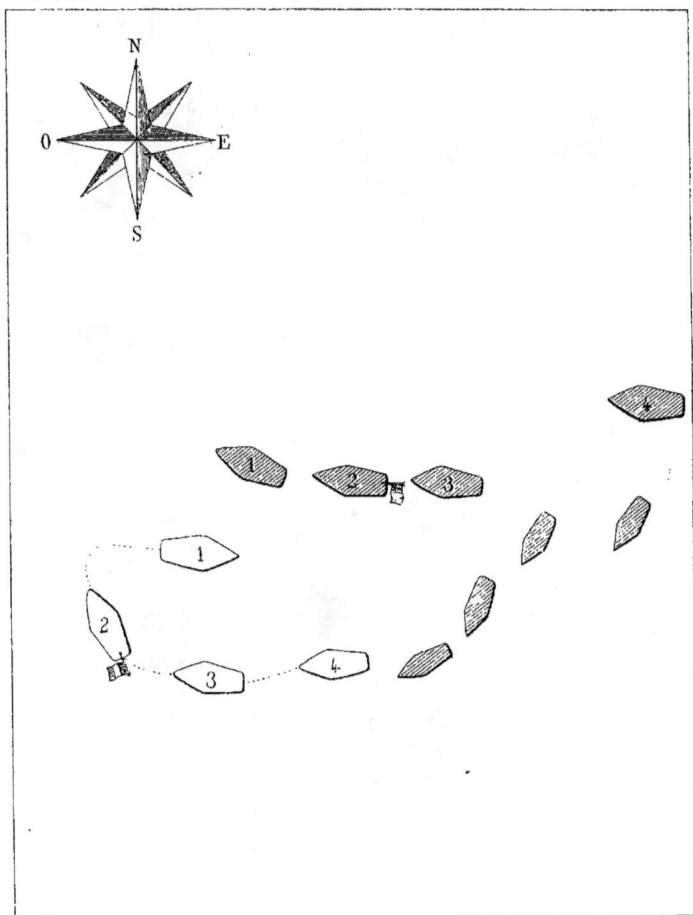

Planche N° 4

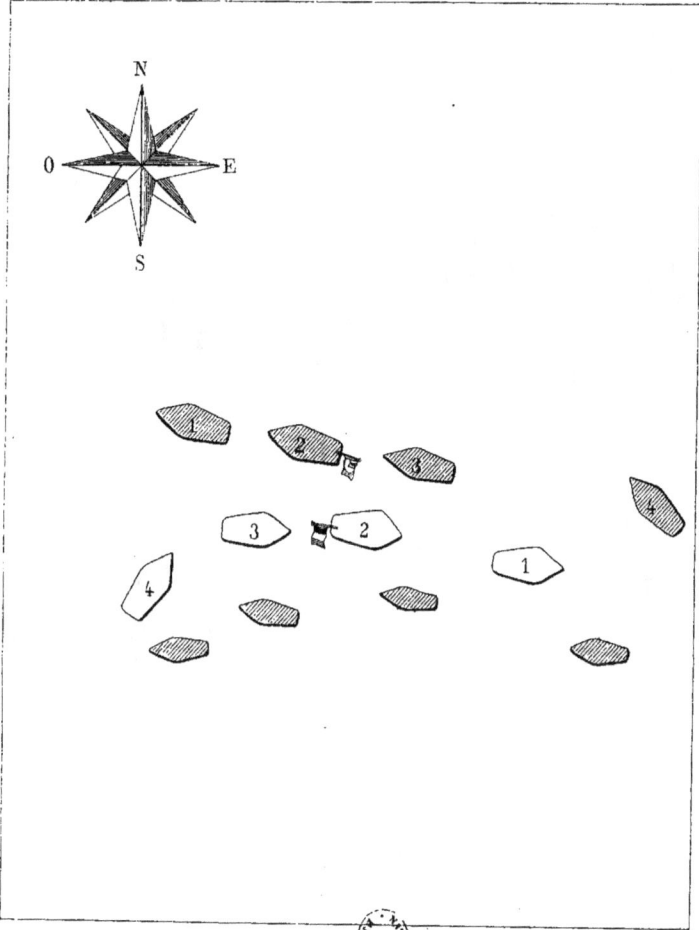

Planche N.º 5

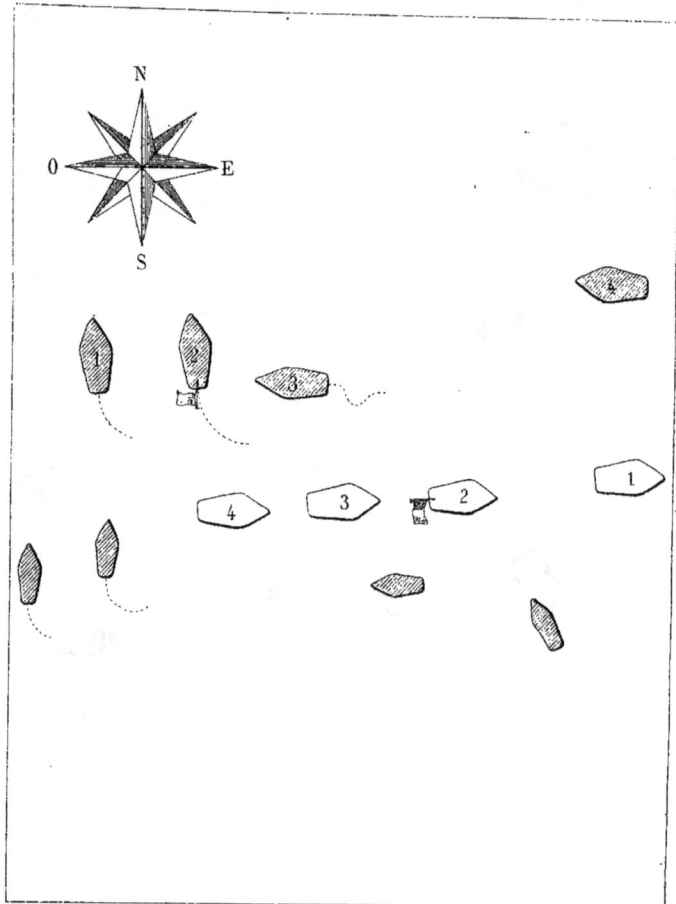

Planche N.º 6

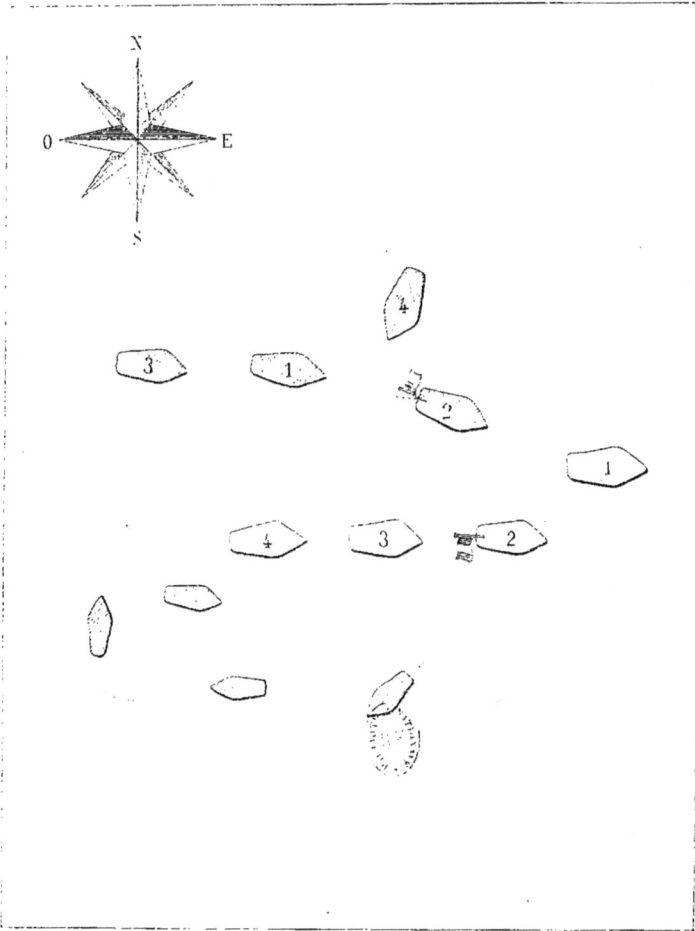

Planche N.º 7

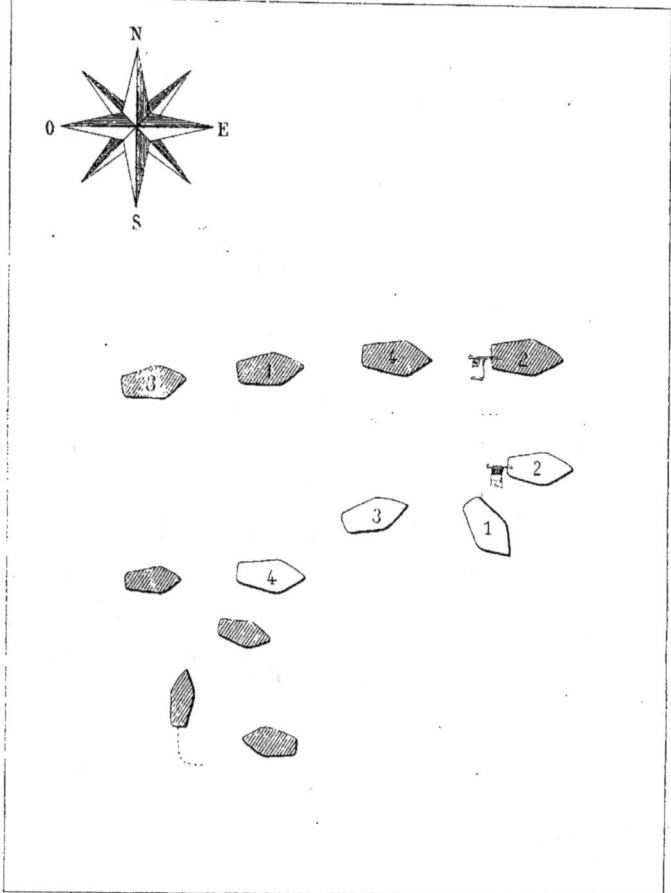

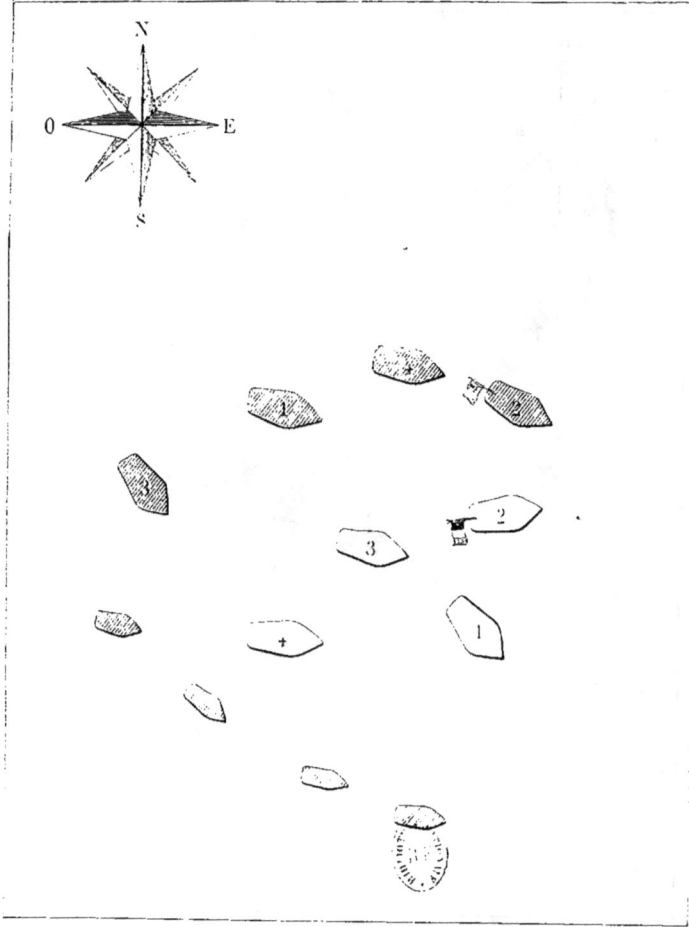

Planche N⁰ 9

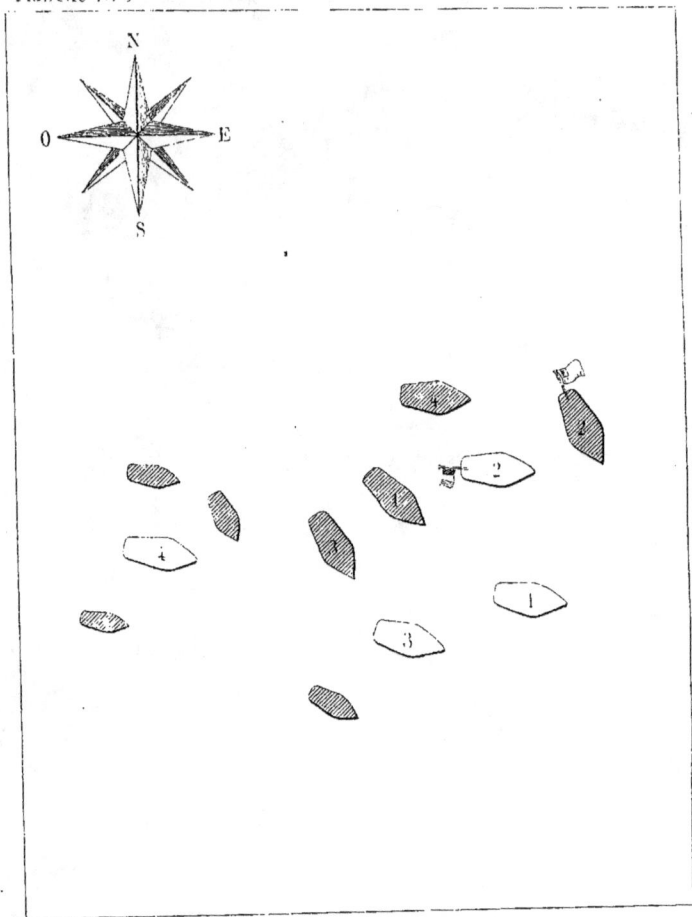

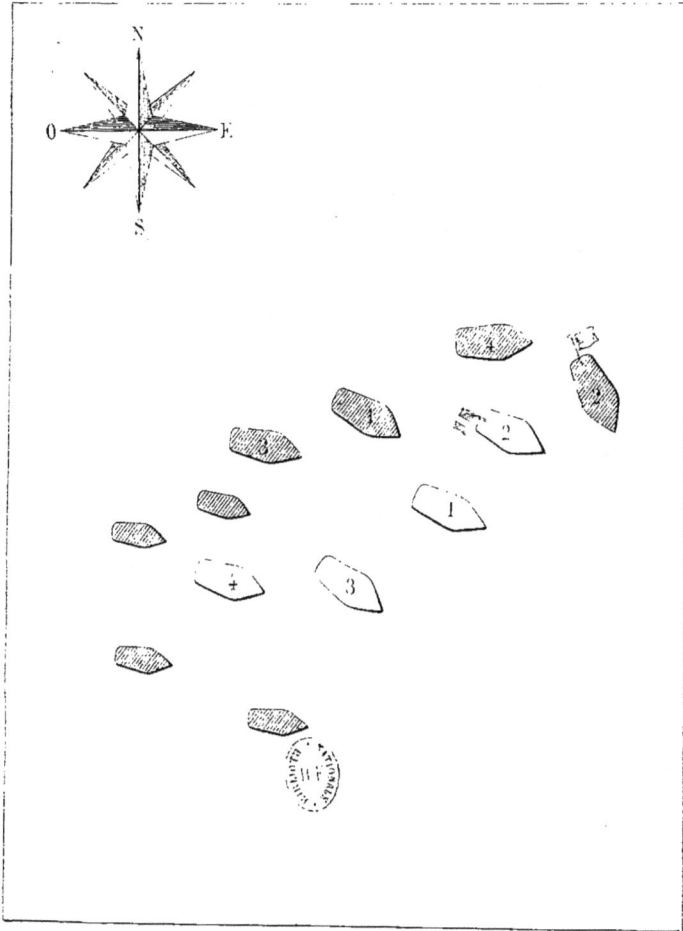